AF254026

LE
MANDAT POLITIQUE

DE 1872

SUIVI DE DEUX PROJETS DE LOI

RÉSOLVANT LES

QUESTIONS SOCIALE ET RELIGIEUSE

PAR

LEBESOIN

Prix : 50 centimes

A LA LIBRAIRIE J. GAYET FILS ET C⁰.

10, RUE DU CROISSANT, PARIS

TABLE

AUX CANDIDATS

LE MANDAT POLITIQUE EST UNE NÉCESSITÉ SOCIALE

I

Nous avons entendu dire par des candidats à la députation : « Nous ne voulons pas du mandat politique ; nous demandons une confiance illimitée. » D'un autre côté, des millions de citoyens — des électeurs — instruits par l'expérience, répondent : « Nous voulons, nous, du mandat politique. »

Ainsi, deux idées, deux opinions, deux volontés diamétralement opposées sont en lutte.

Nous ne dissimulerons pas que c'est une chose étrange que des candidats croient qu'ils n'ont qu'à publier leurs professions de foi pour obtenir les votes des électeurs, et qu'ils n'ont aucun conseil à recevoir de ceux qui veulent les charger d'agir et de parler pour eux. Depuis quand le mandant n'aurait pas le droit de dire à son mandataire : *Voici mes instructions ; c'est dans ce sens que vous représenterez mes intérêts*. S'il en était autrement, ce serait méconnaître le droit individuel, de l'électeur et de la souveraineté nationale : la procuration, sous quelle forme qu'elle se présentât, ne serait qu'un vain mot.

Certes, nous ne mettons pas en doute les promesses verbales et écrites de quelques candidats qui demandent une confiance illimitée, et pour lesquels le passé répond de l'avenir ; mais, nous regrettons de le dire, il y en a d'autres qui nous inspirent des craintes et des méfiances. Aux honnêtes candidats, ceux qui ont des opinions loyales et sincères, nous leur dirons : la société n'a fait le Code pénal que pour les malfaiteurs et les criminels.

Notre intention n'est pas de faire ici l'historique des nombreuses défections qui se sont produites, dans les rangs de la démocratie, depuis la Révolution de 1848. Nous ne pouvons pas rappeler toutes les professions de foi républicaines publiées depuis cette époque et qui, pour la plupart, n'ont servi qu'à la trahison. Nous rappellerons seulement, *pour justifier que le mandat politique est une nécessité sociale*, les noms de Louis-Napoléon Bonaparte, Morny, Rouher, Baroche, Darimon, Emile Ollivier, etc.

Eh bien ! la défection de tous ces hommes n'a-t-elle pas été un grand malheur pour la France? N'est-ce pas à eux que nous devons la situation navrante du pays? N'est-ce pas leur apostasie qui ont troublé toutes les relations de la vie, fait naître les mauvaises passions, détruit la morale, la vertu et l'honnêteté?

C'est, sans contredit, aux électeurs qu'il appartient d'empêcher le retour de ces apostasies, dont ils ont été les témoins depuis le commencement de ce siècle. Pour obtenir ce résultat, si urgent et si désirable dans l'intérêt général, nous demandons aujourd'hui aux candidats des garanties sérieuses et des engagements réguliers; et ces garanties et ces engagements, nous les trouvons dans l'acceptation du mandat politique.

II

Mais il y a une autre considération qui fait que le mandat politique est devenu un besoin social.

Nous le demandons à ceux qui nous lisent, nous le demandons aussi aux candidats : qui peut être plus à même d'apprécier les défectuosités des lois, si ce n'est la généralité des électeurs ? C'est sur leurs actions, sur leurs différends qu'on applique la loi ; c'est l'expérience, faite par cette généralité, qui peut démontrer l'absurdité ou l'utilité de telles prescriptions.

Tout en accordant au candidat un grand savoir et une grande science politique, les électeurs ont bien le droit de lui dire qu'il ne peut connaître tout et qu'il ne peut résumer en lui tous les besoins, toutes les aspirations d'une société (1). Il ne le saura qu'après que ses membres auront fait connaître ces besoins et ces aspirations dans une formule générale.

Ce sont d'ailleurs ces idées qui donnèrent naissance aux cahiers de 1789 (2).

Nous désirons faire revivre ces cahiers par le mandat politique, et tracer au candidat élu la conduite à tenir au Corps législatif et les réformes. les plus urgentes à obtenir, soit dans l'intérêt de la tranquillité publique, soit pour. la prospérité et la grandeur du pays.

III

Voyons maintenant ce que dit la loi au sujet du mandat et du mandataire :

« ART. 1984 du Code civil. — Le mandat ou pro-
« curation est un acte par lequel une personne donne
« à une autre le pouvoir de faire quelque chose pour
« le mandant ou en son nom.

---

(1) MM. Jules Favre, Ernest Picard et autres, qui ne veulent pas du mandat politique, croient-ils qu'ils sont venus au monde avec la science infuse ?

(2) Le roi est impatient de connaître enfin avec sûreté ce qu'il peut faire de mieux pour le bonheur de ses peuples. (Réimpression de l'ancien *Moniteur*. — Introduction historique, page 404. — Instruction pour la convocation des États-Généraux de 1789).

« ART. 1987. — Il est ou spécial et pour une affaire
« ou certaines affaires seulement, ou général et pour
« toutes les affaires du mandant.

« ART. 1988. — Le mandat conçu en termes géné-
« raux n'embrasse que les actes d'administration.

« S'il s'agit d'aliéner ou hypothéquer, ou de quelque
« autre acte de propriété, le mandat doit être exprès.

« ART. 1989. — Le mandataire ne peut rien faire
« au-delà de ce qui est porté dans son mandat : le
« pouvoir de transiger ne renferme pas celui de com-
« promettre.

« ART. 1991. — Le mandataire est tenu d'accomplir
« le mandat tant qu'il en demeure chargé, et répond
« des dommages-intérêts qui pourraient résulter de
« son inexécution.....

« ART. 1992. — Le mandataire répond non-seule-
« ment du dol, mais encore des fautes qu'il commet
« dans sa gestion....

« ART. 1993. — Tout mandataire est tenu de rendre
« compte de sa gestion....

« ART. 1998. — Le mandant est tenu d'exécuter les
« engagements contractés par le mandataire, confor-
« mément au pouvoir qui lui a été donné.

« Il n'est tenu de ce qui a pu être fait au-delà qu'au-
« tant qu'il l'a ratifié expressément ou tacitement.

« ART. 2003. — Le mandat finit par la révocation
« du mandataire, par la renonciation de celui-ci au
« mandat....

« ART. 2004. — Le mandant peut révoquer sa pro-
« curation quand bon lui semble, et contraindre, s'il
« y a lieu, le mandataire à lui remettre, soit l'écrit
« sous seing-privé qui la contient, soit l'original de la
« procuration, si elle a été délivrée en brevet, soit
« l'expédition, s'il en a été gardé minute. »

Eh bien, Messieurs les candidats, sont-ils clairs,
sont-ils précis ces articles du Code civil ? « Le mandat
est un acte par lequel on donne pouvoir à quelqu'un
de faire quelque chose. Le mandataire ne peut rien

faire au-delà de ce qui est porté dans son mandat ; il est tenu de rendre compte de sa gestion, et répond du dol et des fautes qu'il a commises dans sa gestion. »

Et vous nous demanderiez, en présence de ces prescriptions, un mandat en blanc ! vous refuseriez de signer, pour notre garantie, notre procuration ! vous voudriez, en invoquant votre dignité, ne pas vous conformer à la loi ! Vous vous placez donc au-dessus d'elle ? comme vous justifieriez ainsi ce dit-on : *la loi est faite pour les uns, et non pour les autres.*

Le législateur a rendu les dispositions ci-dessus tellement faciles à comprendre, qu'elles n'ont pas besoin de commentaires. Notre pensée, en les copiant, a pour but de rappeler aux candidats qu'ils doivent les premiers obéir à la loi, et, aux électeurs, qu'ils doivent, dans leur procuration, tracer la marche à suivre à leur mandataire, lui dire : *Vous ferez ceci, vous ne ferez pas cela,* et qu'ils ne doivent, en aucun cas, donner un mandat en blanc, comme en 1871 principalement.

C'est à ce mandat en blanc que nous devons surtout les augmentations successives des impôts, la marche si lente de nos institutions libérales, le remplacement de la République par la Monarchie et l'invasion de l'étranger.

Nous n'oublierons jamais les Bonapartes.

S'il y a des électeurs qui veulent, comme sous le règne de Napoléon III, des armées permanentes, la violation du domicile et du secret des lettres, les indemnités de guerre, le pillage et l'incendie du pays par l'ennemi, l'amoindrissement de la France, que ces électeurs envoient au Corps législatifs des députés avec un mandat en blanc ou *demi en blanc.*

Quant à nous, qui voulons profiter de l'expérience des vingt dernières années ; qui voulons la grandeur de notre patrie, la paix, la concorde, et éviter le retour des guerres civiles ; qui demandons l'organisation sociale, non pas au point de vue d'une famille royale ou impériale, ou de la bourgeoisie, mais bien au point de vue de l'égalité (1); qui demandons également que nos enfants ne soient plus obligés de répandre leur sang pour une idée folle ou pour l'ambition d'un despote; quant à nous, disons-nous, nous ne délèguerons notre droit au candidat qu'après qu'il aura accepté et signé le mandat politique.

LEBESOIN.

Paris, le 25 février 1872.

NOTA. — Nous prions les lecteurs de vouloir bien lire les notes, parce qu'elles présentent un intérêt tout particulier.

---

(1) En 1830, les premières paroles prononcées par Louis-Philippe et par ceux qui l'entouraient furent celles-ci : « Nous allons organiser le pays. » — Il était donc désorganisé? — En 1848, les membres du Gouvernement provisoire prononcèrent aussi ces paroles. En 1851, Napoléon III, dit *Badinguet*, en s'adressant aux électeurs, s'exprima ainsi : « Accordez-moi votre confiance pour organiser la France. » A Bordeaux, l'Assemblée nationale de 1871 prononça ces mémorables paroles : « Nous allons travailler à l'organisation du pays. »

Après ces redites, nous nous demandons quand est-ce que nous serons organisés. Nous voilà arrivés au dix-neuvième siècle et nous n'avons pas encore une bonne organisation. On répète tous les jours que le Français est le premier peuple du monde. Sapristi ! dans quelle désorganisation doivent vivre les autres peuples !

Ces paroles, prononcées aussi souvent, seraient vraiment comiques, si elles ne renfermaient la grandeur, la considération et l'avenir de la France. Nous n'arriverons à une organisation sérieuse, réelle et durable, que par le mandat politique et quand les lois seront l'expression vraie de la volonté des électeurs. (Voir la note de l'art. 4 du mandat.)

LE MANDAT POLITIQUE DE 1872

Les électeurs du département de
réunis en assemblée électorale, ont nommé M.
demeurant à   rue
pour les représenter au Corps législatif, pendant trois ans, à partir

En conséquence, les électeurs donnent, par les pré-
sentes, mandat ou procuration à M.
de parler et d'agir pour leur compte, dans le sens et
de la manière ci-dessous, de défendre leurs intérêts
dans la chose publique ; de s'opposer, par ses votes,
discours et écrits, à tout ce qui sera contraire à la liberté individuelle, à l'égalité devant la loi et au main-
tien de la République, et de demander les réformes
ci-après détaillées, et principalement : l'instruction
laïque, gratuite et obligatoire ; la nomination des
juges par le suffrage universel ; la solution des questions sociale et religieuse ; la faculté, pour les électeurs,
de choisir des candidats parmi les prisonniers politiques (1) ; la démolition des fortifications de Paris (2) ;

---

(1) C'est le droit de faire grâce. Personne ne contestera ce
droit au Peuple souverain.

(2) Dans la séance du 21 janvier 1841, M. de Golbéry, député,
s'exprimait ainsi sur le projet de fortifier Paris : « Je ne por-
terai point à cette tribune d'idées stratégiques ; mais puis-je
oublier ce que, dans les bureaux, d'excellents généraux, des
hommes d'expérience, ont répété avec une entière convic-
tion ?.... Ils ont proclamé hautement, eux, dont on ne peut
révoquer en doute ni la valeur, ni l'expérience, ni le patrio-

enfin la réorganisation des forces nationales de la France, conformément aux indications générales contenues dans les articles 63 à 88 du présent mandat.

---

tisme, que faire de Paris une place forte serait un non-sens... A la Convention, Carnot avait déclaré qu'il fallait défendre Paris loin de Paris.... »

Sur le même projet de loi, M. de Lamartine disait : « La force de la France ! Elle n'est pas dans les murailles de Paris ; la force est dans son peuple, dans son soldat.... »

Et plus loin : « Oui, il y a là un mystère inexplicable, un double mystère peut-être.... Serait-ce, comme quelques hommes de bien ont l'imprudence de le croire, pour que ces fortifications fussent un appui éventuel à un pouvoir attaqué par la sédition ? Mais rendons justice au rapport ; il a lui-même réfuté d'un mot cette hypothèse : *Servir d'appui au Gouvernement ?* JAMAIS ! »

Parlant sur la question italienne, un Ministre de Napoléon III prononça aussi ce *jamais*. Nous connaissons maintenant la signification de ce mot.

Nous engageons vivement les électeurs à lire, dans le *Moniteur universel* des 22 et 29 janvier 1841, les remarquables discours de MM. de Golbéry et de Lamartine. Ces discours sont instructifs, à cause des événements de 1870-71.

Maintenant, voici ce que coûte à la France Paris fortifié :

Après Sedan, où tout était fini, sans les fortifications de Paris,

1° L'invasion du territoire, depuis cette ville jusqu'à Orléans et Dijon, les réquisitions de toute nature, le pillage et l'incendie des localités occupées par l'ennemi.

2° L'investissement et le bombardement de Paris.

3° En dehors de la mortalité ordinaire, 60,000 personnes tuées par la guerre ou décédées pendant le siége ou des suites du siége.

4° La guerre civile, et, comme conséquence, 20,000 personnes environ tuées ou mortes sur les pontons, dans les prisons, de désespoir, de faim et de froid.

5° Une indemnité de guerre de trois milliards de plus.

6° Enfin, la perte d'une grande partie de la Lorraine.

Ces désastres avaient été prévus en 1841 par les députés qui ne voulaient pas faire de Paris une place de guerre. Nous devons rappeler, comme appartenant à l'histoire, que c'est sur l'insistance et la parole éloquente de M. Thiers, rapporteur de la Commission chargée de l'examen du projet de loi sur les fortifications de la capitale, que la Chambre des députés adopta ce projet par 237 voix contre 162. Cette fois encore, le temps a donné raison à la minorité.

I

1. — Dissolution de l'Assemblée actuelle et convocation des électeurs pour nommer des représentants à une Assemblée constituante, chargée principalement de faire une Constitution républicaine.

2. — Nouvelle loi électorale abrogeant toutes les lois électorales antérieures.

3. — Renouvellement total de la Chambre.

4. — Nouvelle division des circonscriptions électorales : élection d'un député par arrondissement (1.)

5. — Suppression des candidatures officielles.

6. — La peine de dix ans de détention à tout fonctionnaire ou agent de l'autorité qui aura recommandé ouvertement ou clandestinement un candidat.

---

(1) Pour élire un député, les électeurs de chaque commune seront prévenus par le maire, vingt jours avant le vote, qu'ils doivent se réunir, pendant cinq jours, pour nommer un ou plusieurs délégués, suivant le nombre des électeurs inscrits, pour les charger de les représenter au chef-lieu d'arrondissement où siégera un Comité central électoral.

Dans chaque commune, le maire aura un registre spécial sur lequel seront inscrites les séances des électeurs et les réformes demandées par eux. Les membres du bureau signeront chaque séance. Un extrait de ces séances, certifié conforme par le maire, ainsi qu'une copie des réformes, sera remis au délégué.

Au chef-lieu d'arrondissement, les délégués des communes nommeront un bureau. Ils auront aussi un registre spécial fourni par le maire et sur lequel les membres du bureau inscriront, en les signant, toutes les séances de l'assemblée. Une commission sera nommée pour classer les réformes et rédiger le mandat qui, une fois signé par le candidat, sera copié fidèlement sur le registre. Cette copie sera certifiée conforme par le maire.

L'acceptation d'un candidat sera portée à la connaissance des électeurs de l'arrondissement quatre jours avant le vote.

Les villes divisées en arrondissements ou en quartiers éliront un député par arrondissement ou par quartier. Chaque section électorale nommera trois délégués.

Les registres seront déposés aux mairies et devront être communiqués aux électeurs sur leur demande.

7. — La durée du mandat politique réduite à trois ans.

8. — Après chaque session, les députés seront tenus d'expliquer leurs votes et leurs *abstentions*, dans des réunions publiques, aux délégués des communes. (Voir la note faisant partie de l'acceptation du mandat.)

9. — Annulation du mandat, si le député n'a pas rempli exactement son mandat (1).

10. — Attribution au Corps législatif de confirmer, après avoir constaté seulement la régularité des pièces, l'annulation du mandat.

11. — Condamnation à la peine de quinze ans de détention, si le député, dont le mandat aura été cassé, n'est pas réélu.

12. — Faculté pour les électeurs de choisir des candidats parmi les prisonniers politiques.

13. — Devra être puni d'une amende de 100 à 500 fr., s'il ne produit pas une justification du maire, l'électeur qui n'aura pas pris part au vote.

14. — Les princes ne pourront jamais remplir aucune fonction publique.

II

15. — Défense au Corps législatif de déclarer la

---

(1) Lorsqu'un ou plusieurs délégués des communes, — les mêmes qui avaient été nommés pour l'élection, — un ou plusieurs électeurs croiront qu'il y a lieu de retirer le mandat politique au député, ils signeront une demande et la déposeront sur le bureau du comité central électoral. Le président en informera le député. Après des débats contradictoires, qui ne pourront durer plus de trois jours, l'assemblée des délégués décidera, au scrutin secret, si le mandat doit être annulé.

Si le vote est affirmatif, une copie sur papier timbré de la demande d'annulation et des procès-verbaux des séances, reconnue exacte et sincère par le maire, sera envoyée, par le président du bureau, au président de la République, qui la soumettra à l'examen de la Chambre.

guerre ou de voter des emprunts nationaux sans un mandat spécial.

16. — Attribution au Corps législatif de voter : 1° le budget des recettes et des dépenses ordinaires et extraordinaires, sans que ce budget puisse être supérieur à celui de l'année précédente; 2° les lois d'impositions extraordinaires ou d'emprunts des villes ou des communes, si les électeurs ont autorisé ces impositions ou ces emprunts.

17. — La mise à la disposition du Corps législatif, en temps de guerre, des forces nationales.

18. — Responsabilité du président de la République, des ministres et de tous les fonctionnaires et agents de l'autorité.

19. — La mise à la charge des membres du gouvernement de toutes les sommes excédant les crédits votés par le Corps législatif.

III

20. — Tous les trois ans, élections, par le suffrage universel, des conseillers généraux, d'arrondissement et municipaux ; des juges, des maires et des adjoints, et faculté pour ces conseillers d'exprimer des vœux politiques.

21. — Tous les trois ans, élections, par les juges réunis au chef-lieu de département, d'un membre à la Cour de cassation.

22. — Les membres de la Cour de cassation, des Cours d'appel et des autres tribunaux, éliront leurs présidents et vice-présidents.

23. — Ratification, par le président de la République, des élections de tous les membres faisant partie du corps judiciaire, des maires et adjoints.

IV

24. — Révision complète de tous les codes.

25. — Abrogation de toutes les lois d'exception,

telles que les lois de sûreté générale, sur l'état de siège, ou autres.

26. — Réorganisation des tribunaux de commerce : création à Paris d'une nouvelle chambre, adjonction à chaque chambre d'un procureur de la République.

27. — Nouvelle loi municipale. Abrogation de l'article 13 de la loi du 5 mai 1855, qui permet le remplacement des Conseils municipaux par des commissions spéciales.

28. — Création à Paris de deux nouvelles chambres pour les affaires civiles.

29. — Suppression de la préfecture de police. Création d'une police municipale.

30. — Réduire le nombre d'hommes de la garde républicaine au quart du chiffre actuel.

31. — Réorganisation du jury.

32. — La durée de l'instruction judiciaire et du jugement fixée à 20 jours. Révocation des juges, si ce délai est dépassé, et emprisonnement de six mois à un an, avec dommages-intérêts.

33. — Inviolabilité du domicile et du secret des lettres.

34. — Liberté d'association et de réunion.

35. — Liberté de l'imprimerie et irresponsabilité des imprimeurs, si l'écrit est signé par son auteur.

36. — Nouvelle loi sur la presse, avec les dispositions les plus libérales.

37. — Le cautionnement des journaux réduit au tiers du chiffre fixé par la loi.

38. — Obligation à imposer à l'Etat et aux particuliers de payer 5 0/0 d'intérêt pour les sommes déposées en garantie.

39. — Démolition des forts et murs d'enceinte de Paris.

40. — Amnistie pleine et entière pour tous les crimes et délits politiques.

41. — La mise en accusation de tous les auteurs et complices du crime du 2 Décembre 1851.

42. — Enquête sur la conduite des généraux qui ont

capitulé et sur celle des hommes qui étaient au pouvoir au 18 mars 1871.

43. — Retour à Paris du gouvernement et de l'Assemblée.

44. — Levée immédiate de l'état de siége.

45. — Abolition de la peine de mort en toutes matières.

V

46. — Solution de la question sociale (voir le projet de loi ci-joint).

VI

47. — Solution de la question religieuse (voir le projet de loi ci-joint).

VII

48. — Abrogation des lois dispensant les congréganistes de se munir des diplômes de capacité.

49. — Instruction laïque, gratuite et obligatoire (1).

50. — Amende et prison pour les parents qui n'obligeront pas leurs enfants d'aller à l'école jusqu'à quatorze ans au moins et de suivre les cours du soir jusqu'à vingt ans.

51. — Augmentation des appointements des instituteurs et institutrices, sans que ses appointements puissent être au-dessous de 1,200 francs.

---

(1) La bourgeoisie, représentée par MM. Thiers, Dufaure, Jules Simon, Casimir Périer, consent aujourd'hui, après les deux guerres civiles de 1848 et 1871 et nvasion étrangère, à ce que tous les enfants soient obligés de savoir lire, écrire, les quatre premières règles de l'arithmétique et un peu de dessin. Nous repoussons une instruction aussi restreinte. Nous la voulons plus complète, plus utile.

52. — Cours militaires obligatoires dans toutes les écoles.

VIII

53. — Impôt progressif. Impôt sur la rente, les actions, les obligations et les locaux non loués.

54. — Suppression des octrois et des décimes de guerre.

55. — Le prix des places des chemins de fer réduit au quart du chiffre actuel.

56. — Abolition du cumul.

57. — Tous les ans, réduction de la dette publique, sans que cette réduction puisse être au-dessous de 60 millions de francs.

58. — Réduire d'un tiers les fonds secrets et les droits de succession.

59. — Réduire à 200,000 fr. les appointements du président de la République et à 40,000 fr. ceux des ministres. Ramener ceux des chefs supérieurs aux chiffres fixés avant 1848.

60. — Indemnité de 25 fr. par jour à accorder au député pendant la session, de 15 fr. au conseiller de département, de 10 fr. au conseiller d'arrondissement et de 5 fr. au conseiller municipal.

61. — Insertion, tous les huit jours, dans le *Journal officiel*, de la situation de la dette flottante et du Trésor public.

IX

62. — Régime civil en Algérie et dans les colonies.

X

63. — Réorganisation de la marine. Engagements volontaires.

64. — Réorganisation de l'intendance militaire; un

intendant par département, un adjoint par arrondissement (1).

65. — Suppression de l'armée et renvoi des officiers avec demi-solde (les sous-officiers et soldats qui compteraient plus de dix ans de services seraient employés, au fur et à mesure des vacances, par les chemins de fer).

66. — Rétablissement de la garde nationale; sa réorganisation.

67. — Seront compris dans la garde nationale tous les citoyens âgés de 20 ans révolus à 40 ans inclusivement. Il ne pourront être mobilisés que par rang d'ancienneté et en vertu d'une loi (voir l'article 15).

68. — Les exemptions prévues par la loi seront maintenues.

69. — Division en quatre bans de la garde nationale : le premier ban comprendra les hommes de 20 ans révolus à 25 ans; le deuxième, ceux de 26 à 30; le troisième, ceux de 31 à 35, et le quatrième, ceux de 36 à 40. Chaque ban fournira un contingent d'hommes pour le génie, l'artillerie, la cavalerie, le train des équipages et l'intendance. Pour servir dans ces corps le sort décidera. Les permutations seront autorisées.

Les hommes du premier ban ne pourront se marier.

70. — Tous les ans, formation, par les maires, des listes des quatre bans, et affichage permanent de ces listes dans une des salles de la mairie.

71. — Pendant les deux premières années, les hommes du premier ban seront obligés de faire au canton, tous les dimanches, l'exercice militaire, et de camper, pendant deux mois de chaque année, au chef-lieu de département. A l'expiration de ces deux années, ils ne feront l'exercice qu'une fois par mois, et ne camperont qu'un mois par an (2).

Les hommes des deuxième, troisième et quatrième bans *pourront*, pendant la durée du ban dans lequel

---

(1) Les sous-intendances seront supprimées.
(2) Ces prescriptions seront suffisantes pour completer l'instruction militaire commencée à l'école. (Voir l'article 52).

ils se trouveront compris, être appelés à camper deux
fois. La durée de chaque prise d'armes sera d'un mois.

72.— Après l'exercice et le retour du camp, les gardes nationaux déposeront les armes dans la mairie du
canton.

73. — Dans chaque département, création d'une légion qui portera le nom du département. Il y aura,
dans chaque légion, autant de bataillons que de can-
tons ; chaque bataillon portera le nom du canton.

74. — Elections au canton des sous-officiers et officiers de chaque ban, jusqu'au grade de chef de bataillon (1). Les élections des sous-officiers et officiers des
corps spéciaux, jusqu'au grade de capitaine, auront
lieu au chef-lieu d'arrondissement.

Ces élections se renouvelleront tous les deux ans.

75. — Il y aura un général de légion par départe-
tement, un maréchal de camp par arrondissement,
un chef de bataillon par canton.

Au chef-lieu de département, les corps spéciaux
auront chacun un commandant, et au chef-lieu d'arrondissement un capitaine, un lieutenant et un sous-
lieutenant, avec des sous-officiers.

76.— Tous les deux ans, les sous-officiers et officiers
se réuniront au chef-lieu de département pour élire
les généraux et les commandants des corps spéciaux.

77. — Les élections des généraux et des officiers
seront ratifiées par le président de la République;
celles des sous-officiers par les maréchaux de camp.

78. — Abrogation des lois sur la garde nationale,
et application du Code militaire aux gardes nationaux
sous les armes.

79. — Dans chaque arrondissement, création d'un
tribunal militaire. Conseil de révision au chef-lieu.

80. — Election des juges militaires par les gardes
nationaux. Ces élections seront renouvelables tous les
deux ans.

---

(1) Les grades de lieutenant-colonel et de colonel seront
supprimés.

81. — En cas de troubles dans une ville ou dans une commune, le maire appellera sous les armes les hommes du premier ban. Il sera assisté des autorités civiles et des officiers supérieurs de la garde nationale. Les décisions et les rapports seront inscrits sur un registre, et seront publiés après le rétablissement de l'ordre. Le maire seul sera responsable.

82. — Les citoyens pris en révolte contre la loi seront faits prisonniers et jugés par la Cour d'assises du département où les troubles auront eu lieu, et par les Cours d'assises des autres départements, si les prisonniers sont nombreux.

83. — Seront traduits devant les Conseils de guerre les gardes nationaux qui auront fusillé ou fait fusiller les citoyens pris en révolte contre la loi ou les armes à la main.

84. — Les gardes nationaux ne pourront sortir de leur département avec leurs armes qu'en vertu d'un décret du président de la République.

85. — Les gardes nationaux appelés pour faire un service de plus d'une journée seront nourris et logés aux frais de l'Etat, et toucheront une solde qui ne pourra être au-dessous de 2 francs par jour.

86. — Auront des appointements fixes les généraux, les chefs de bataillon, les commandants des corps spéciaux et leurs adjoints.

87. — Tous les gardes nationaux du premier ban et les gardes nationaux nécessiteux des autres bans seront habillés et équipés aux frais de l'Etat.

88. — Les dépenses résultant de la nouvelle organisation de la garde nationale seront payées par le ministre de la guerre.

Fait à   , le   1872.

POUR LES ÉLECTEURS :

Les membres du bureau,

Vu, pour légalisation des signatures ci-dessus,

Le   1872.

MANDAT SPÉCIAL

Les électeurs du département de

Attendu qu'à Bordeaux, le 1ᵉʳ mars 1871, l'Assemblée nationale a reconnu, par l'article 5 du traité de paix, qu'une somme de 5 milliards de francs sera payée à l'empereur d'Allemagne pour indemnité de guerre.

Attendu qu'il n'a été payé qu'une partie de cette somme, et qu'il est du devoir de la France de se libérer le plus tôt possible, afin que l'ennemi ne foule plus le sol de la patrie;

Attendu que plus d'un milliard de bons du Trésor public sont dans le portefeuille de la Banque de France;

Considérant que l'augmentation des impôts est une des causes premières de la cherté de tout ce qui est nécessaire à l'existence de l'homme;

Considérant que la Nation et les établissements religieux sont propriétaires d'un nombre considérable d'objets mobiliers et immobiliers, et qu'une partie de ces meubles et immeubles peut être aliénée sans nuire au crédit de la France et à la richesse de ces établissements;

Vu le second paragraphe de l'article 1988 du Code civil, ainsi conçu : « S'il s'agit d'aliéner ou hypothéquer, ou de quelque acte de propriété, le mandat doit être exprès; »

Donnent mandat spécial à M.   d'aliéner, aux conditions qui lui paraîtront les plus avantageuses pour le Trésor public, et jusqu'à concurrence de cinq milliards de francs, des meubles et immeubles appartenant, soit à la Nation, soit à des établissements religieux; de payer, avec le produit de cette aliénation, la somme restant dûe à l'empereur d'Allemagne et les bons du Trésor que la Banque de France a dans son portefeuille, et d'employer le surplus à construire ou à réparer des écoles ou des établissements hospitaliers.

Fait à   , le   1872.

POUR LES ÉLECTEURS :

Les membres du bureau,

Vu pour légalisation des signatures ci-dessus,

Le   1872.

ACCEPTATION

Je soussigné déclare accepter, après en avoir pris connaissance, les mandats ci-dessus ; m'engage à me conformer à toutes leurs prescriptions, et notamment à celles des art. 7 et 8 (1) ; à déposer ces mandats sur le bureau de la Chambre des représentants du peuple, et à demander, pour faire adopter tout ce qu'ils contiennent, la nomination des commissions nécessaires pour préparer les lois à soumettre à l'approbation du Corps législatif.

Fait à   le   1872.

     Vu pour légalisation de la signature ci-dessus,

      Le   1872.

---

(1) On objectera que le représentant ne pourra pas expliquer ses actes aux électeurs, parce que les réunions publiques sont défendues.

C'est là une erreur.

Les auteurs de cette défense n'ont pas songé à l'art. 1993 du Code civil, qui prescrit que « tout mandataire est tenu de rendre compte de sa gestion. » Or, qu'avons-nous donné au député? Un mandat ou une procuration ; et, puisque cet art. 1993 contient ladite prescription et qu'il y a plusieurs mandants, le gouvernement ne peut pas aller à l'encontre de la loi, c'est-à-dire de la convocation des mandants ou des électeurs,

Sans doute on dira que le gouvernement est fort, qu'il a de nombreux bataillons et qu'il pourra se servir du Code militaire pour battre le Code civil. Nous ne croyons pas à cette conduite, nous croyons au bien. C'est pourquoi le député devra, après la session, faire la déclaration suivante au préfet :

Le soussigné,

Attendu que les électeurs du département de lui ont donné mandat pour prendre leurs intérêts dans la chose publique, pour parler et agir en leur nom,

Attendu qu'aux termes de l'art. 1993 du Code civil, le mandataire doit rendre compte de son mandat à celui qui lui a donné procuration,

Déclare à M. le préfet du département de   qu'il a convoqué ses mandants pour le   dans un local portant le n°   de la rue   à

Fait le

QUESTION SOCIALE [1]

TITRE PREMIER

Des Inventaires

ARTICLE PREMIER. — Les compagnies anonymes, les sociétés en commandite, les établissements industriels, les maisons de banque et de commerce, les cultivateurs, les entrepreneurs de toute nature et généralement toutes sociétés et maisons occupant des employés et dont le chiffre d'affaires dépasse 20,000 fr., publieront tous les ans, dans les journaux de la localité, leurs bilans et leurs comptes de profits et pertes.

Ces journaux percevront, pour l'insertion du bilan et du compte de profits et pertes, un droit fixe de deux francs.

Le chef de maison qui n'aura pas satisfait aux prescriptions du présent article sera puni d'une amende de 2,000 à 5,000 fr. (2).

ART. 2. — Il sera envoyé à tous les intéressés, à la fin de l'année commerciale de chaque établissement,

---

(1) C'est aux événements qui se succédèrent après 1789 que nous devons la division de la propriété, qui a été une des principales causes de la prospérité de la France.

L'idée qui préoccupe le plus aujourd'hui les hommes, c'est la division du capital. Le projet de loi sur la question sociale, en satisfaisant tous les intérêts, conduit sans secousses, sans guerre civile, vers ce dernier but qui, une fois atteint, augmentera la richesse du commerce, de l'industrie et du Trésor public.

(2) Pendant les dix dernières années de l'empire, les faillites ont été, pour la plupart des négociants, un moyen de faire fortune. Les articles 1 et 2 du projet de loi mettront un terme, nous l'espérons, à ces spéculations criminelles.

un exemplaire du bilan et du compte de profits et pertes, sous peine de 500 à 2,000 fr. d'amende.

Art. 3. — Les intéressés auront la faculté de faire examiner, à leurs frais, l'exactitude des écritures.

La demande d'examen sera signifiée au chef de maison par acte extra-judiciaire.

Les rapports de vérification seront déposés au greffe du tribunal de commerce.

Si après la vérification des comptes, il est constaté, par un expert en écritures commerciales, que le chef de maison a faussé sa situation, celui-ci sera traduit, à la demande des intéressés ou du procureur de la République (1), devant le tribunal de commerce.

Si le tribunal reconnaît que la fausse situation n'entraîne pas la mise en faillite, le chef de maison sera puni d'un emprisonnement de six mois à un an. Si, au contraire, l'établissement est déclaré en état de faillite simple, ou frauduleuse, il sera fait application, suivant le cas, des articles 402, 403 et 404 du Code pénal.

TITRE II

Des Bénéfices

Art. 4. — Les bénéfices résultant d'une exploitation, d'une entreprise, d'une industrie, d'un commerce ou d'un établissement quelconque seront partagés dans la proportion suivante :

Si l'établissement n'est pas monté par actions :

Un cinquième servira au remboursement du capital versé, et, après ce remboursement, ce cinquième sera destiné à un fonds de réserve ;

Quatre cinquièmes seront distribués au chef de maison et aux employés.

Si l'établissement est monté par actions :

Un septième servira au remboursement du capital

---

(1) Voir l'article 24 du mandat politique.

versé, et, après ce remboursement, ce septième sera destiné à un fonds de réserve ;

Trois septièmes seront distribués aux actionnaires, au prorata de leurs actions ;

Trois septièmes seront partagés entre le directeur et les employés.

Art. 5. — La répartition des bénéfices entre le chef de maison, le directeur et les employés, se fera au prorata des sommes payées à chacun d'eux pendant le cours de l'exercice, et quinze jours après la publication du bilan et du compte de profits et pertes.

A cet effet, dans chaque établissement, il sera tenu un livre d'émargement pour les employés aux appointements fixes, et, pour les employés à la journée, aux pièces ou à forfait, il leur sera délivré gratuitement un livret sur lequel seront inscrites les sommes payées.

Le chef de maison aura un compte particulier au grand-livre pour les sommes prises par lui pour dépenses personnelles.

Toute infraction aux dispositions du présent article sera punie d'une amende de 1,000 à 3,000 francs.

Art. 6. — Pour avoir droit à la répartition des bénéfices, l'employé aux appointements fixes devra compter trois mois de présence, et, pour l'autre employé, son livret devra porter qu'il a reçu une somme de 150 francs.

Art. 7. — N'aura plus droit à la remise des bénéfices, l'employé qui ne les aura pas demandés après un an et un jour, à dater de la publication du bilan et du compte de profits et pertes.

Après ce délai, les sommes non réclamées seront comprises dans les bénéfices de l'exercice courant.

Art. 8. — Les sommes versées pour le fonds de réserve seront la propriété du chef de maison ou des actionnaires.

Art. 9. — Sera puni d'un emprisonnement d'un an à deux ans, le chef de maison qui aura fait, avec l'argent du fonds de réserve, des opérations autres que celles relatives à sa profession.

III

Des journées de travail et du salaire

ART. 10. — Le chef de maison ne peut exiger des employés que huit heures pour une journée de travail.

ART. 11. — Le prix de la journée de travail ne pourra être inférieur à 4 francs pour les hommes et à 3 francs pour les femmes.

Le prix de chaque heure supplémentaire sera au moins de 1 franc pour les hommes et de 75 centimes pour les femmes.

TITRE IV

Des contestations

ART. 12. — Les contestations de toute nature entre le chef de maison et les employés seront portées devant le Conseil des prud'hommes, qui jugera en dernier ressort.

TITRE V

Des réunions publiques des employés

ART. 13. — Dans chaque commune les employés d'une même profession auront le droit de se réunir dans un lieu public pour y discuter les questions relatives à leur genre de travail.

Ils nommeront leur président et les autres membres du bureau. Le bureau sera renouvelé tous les ans.

ART. 14. — Le président sera tenu de déclarer, dans les deux jours qui suivront sa nomination :

1° Le nom de la réunion dont il est le président;

2° Les noms, prénoms et domiciles des membres composant le bureau;

3° Le local où auront lieu les réunions.

ART. 15. — Une réunion ne peut être tenue que dans un local clos et couvert. Elle ne peut se prolonger au delà de l'heure fixée par l'autorité compétente pour la fermeture des lieux publics.

ART. 16 — La déclaration, exigée par l'article 14, sera faite, à Paris, au préfet de police ; dans les départements, aux préfets, aux sous-préfets et aux Maires.

ART. 17. — Toute infraction aux prescriptions des articles 14, 15 et 16 constitue une contravention punie d'un emprisonnement de trois mois à six mois.

ART. 18. — Pendant l'époque des élections, les employés pourront discuter, dans leurs réunions, le mérite des candidats, et s'occuper de toutes les questions touchant à la politique.

Si, en dehors de cette époque, leurs réunions étaient consacrées à la politique, le Tribunal correctionnel pourra les priver de se réunir pendant six mois ou un an.

ART. 19. — Il sera tenu un registre sur lequel les procès-verbaux des séances seront inscrits, sous la responsabilité du président.

Ces registres ne pourront être saisis ; mais le président sera tenu de les représenter à chaque demande de l'autorité judiciaire.

Tout refus de communication sera constaté par procès-verbal et puni d'une amende de 500 à 2,000 fr.

ART. 20. — Le président qui n'aura pas fait inscrire fidèlement et régulièrement tous les procès-verbaux des séances, sera puni d'une amende de 100 à 1,000 fr.

ART. 21. — Le président aura la garde des livres et documents. Tous les membres du bureau seront comptables des sommes qu'ils auront reçues pour secours mutuels et frais généraux.

TITRE VI

Dispositions générales

ART. 22. — Toutes les dispositions contraires à la présente loi sont et demeurent abrogées.

QUESTION RELIGIEUSE

TITRE PREMIER

Des Appointements des prêtres

Article premier. — Les traitements, allocations, honoraires, dons de toute nature et généralement toutes les sommes ou revenus que touchent actuellement les membres du clergé pour l'exercice de leur ministère sont supprimés et remplacés par des appointements fixes, conformément aux dispositions de la présente loi.

Art. 2. — Les appointements fixes à accorder à chacun des membres du clergé seront basés sur le revenu actuel, sans cependant que ces appointements puissent être inférieurs à 1,200 francs (1).

À cet effet, chaque titulaire dressera un état des sommes et dons qu'il aura reçus pendant les deux dernières années et l'enverra au maire de la commune.

Le conseil municipal et le conseil de fabrique donneront leur avis sur les appointements à accorder.

Copies des délibérations et de l'état seront envoyées par le maire à l'évêque diocésain et au préfet.

---

(1) Depuis longtemps les républicains demandent la suppression du budget des cultes. Cette demande est contraire aux principes démocratiques. Qu'est-ce qu'un prêtre? — C'est un instituteur moral et religieux. La société ne peut alors que lui accorder des appointements, comme elle en accorde à l'instituteur laïque. Agir autrement, ce serait un non-sens, ce serait faire de la religion un commerce scandaleux et nuisible à la dignité du curé. La majorité des électeurs veulent empêcher ce commerce.

Art. 3. — L'évêque et le préfet établiront, par arrondissement, un état général des sommes et dons reçus par chaque titulaire et les adresseront, avec leurs observations, l'évêque au ministre de cultes, le préfet au ministre de l'intérieur.

Art. 4. — Une commission, nommée par le président de la République, fixera les appointements de chaque prêtre, et, à la prochaine session, le Corps législatif sera appelé à voter les fonds nécessaires pour couvrir cette nouvelle dépense.

Art. 5. — Après la promulgation de la loi fixant es appointements, le prêtre qui aura accepté de l'argent ou des dons pour un service religieux, sera puni d'une amende de 500 à 10,000 fr. En cas de récidive, il sera expulsé du territoire.

TITRE II

De la privation des droits politiques

Art. 6. — Défense est faite au clergé de traiter les questions touchant à la politique.

Toute contravention entraînera l'expulsion du territoire.

Art. 7. — Les membres du clergé ne pourront jamais être électeurs.

Art. 8. — Les dispositions des art. 6 et 7 sont applicables aux ministres des religions pratiquées en France, en Algérie et dans les possessions françaises.

TITRE III

Des conseils de fabrique

Art. 9. — Les membres du conseil de fabrique seront nommés, tous les trois ans, par le suffrage universel.

Les catholiques seuls de la commune prendront part au vote.

Art. 10. — Dans les paroisses où la population sera

de 5,000 âmes ou au-dessus, le conseil de fabrique sera composé de quinze conseillers; dans les autres paroisses, il devra l'être de neuf.

Il n'est rien dérogé aux prescriptions de l'art. 4 du décret du 30 décembre 1809.

ART. 11. — Le conseil nommera son bureau, qui sera composé de cinq membres, non compris le curé ou desservant, qui sera membre de droit.

Le Conseil exercera les fonctions définies par le décret du 30 décembre 1809.

ART. 12. — Les prescriptions pour les élections des conseillers municipaux seront applicables, dans tout ce qui n'est pas contraire à l'article 9 de la présente loi, aux élections du conseil de fabrique.

TITRE IV

Des services religieux

ART. 13. — Le conseil de fabrique de chaque paroisse établira un registre destiné à l'inscription de toutes les demandes concernant les services religieux désignés en l'article 14 ci-après.

La tenue de ce registre sera confiée au trésorier, qui inscrira les demandes par ordre de date et informera le curé ou desservant du jour et des heures des services religieux.

Le curé ou desservant qui ne se conformera pas à l'avis du trésorier, sera puni d'une amende de 100 à 2,000 francs. En cas de récidive, l'expulsion du territoire sera prononcée.

ART. 14. — Les services religieux sont divisés en deux classes :

En services religieux ordinaires;

En services religieux extraordinaires.

Un règlement d'administration publique réglera chacun de ces services, et sera affiché dans toutes les églises.

ART. 15. — Les catholiques auront droit, gratuitement, sur leur demande, aux services religieux ordinaires.

Art. 16. — Les familles qui demanderont un service religieux extraordinaire, payeront, entre les mains du trésorier de la fabrique, la somme fixée par le tarif.

Art. 17. — Le produit des services religieux extraordinaires sera réparti comme suit :

3/5es seront attribués au Trésor public ;

1/5e à la caisse de bienfaisance de la commune ;

1/5e à la caisse du conseil de fabrique.

TITRE V

Des messes commandées en dehors des services religieux ordinaires et extraordinaires

Art. 18. — Le trésorier de la fabrique aura, en plus du registre exigé par l'art. 13, un livre spécial pour l'inscription journalière des messes commandées en dehors des services religieux ordinaires et extraordinaires.

Tous les huit jours, le trésorier enverra une copie collationnée des messes commandées au curé ou desservant, qui, après la messe, signera et datera en regard du prénom du demandeur.

Les messes dites, le curé ou desservant retournera cette copie au trésorier, après l'avoir certifiée sincère.

Art. 19. — S'il arrive qu'une paroisse ne puisse suffire à dire, dans la huitaine, toutes les messes commandées, le trésorier prendra telles mesures avec ses collègues pour satisfaire le plus tôt possible toutes les demandes.

Art. 20. — Le trésorier recevra, pour les messes commandées, l'offrande que chaque catholique jugera convenable de faire.

Le produit de cette offrande sera partagé comme suit :

3/5es seront versés dans la caisse du Trésor public ;

1/5e dans la caisse de bienfaisance de la commune ;

1/5e dans la caisse de la fabrique.

TITRE VI

Des quêtes dans les églises

ART. 21. — Il n'est permis de faire dans les églises que deux quêtes :

Une quête pour les pauvres de la paroisse ;

Une quête pour les besoins de l'église.

ART. 22. — Dans les églises, il ne pourra y avoir que deux troncs, l'un pour les pauvres, l'autre pour les besoins de l'église.

ART. 23. — Les sommes données pour les pauvres seront versées, par le trésorier de la fabrique, dans la caisse de bienfaisance de la commune, et celles données pour les besoins de l'église, dans la caisse de la fabrique.

ART. 24. — Toute infraction aux prescriptions des articles 21 et 22 constitue une contravention punie d'un emprisonnement de deux mois à huit mois.

TITRE VII

Du prix des chaises et bancs dans les églises

ART. 25. — Il ne pourra jamais être perçu plus de 5 centimes par personne pour assister à un service religieux.

Le receveur qui aura perçu plus de 5 centimes sera puni d'une amende de 500 à 3,000 francs, et d'un emprisonnement d'un mois à six mois.

TITRE VIII

Dispositions générales

ART. 26. — Les dispositions contraires à la présente loi sont et demeurent abrogées.

IMP. NOUVELLE (ASS. OUVR.), 11, RUE DES JEÛNEURS.